AF452838

BIBLIOTHÈQUE NATIONALE
DONATION
AUDÉOUD
N°
IMPRIMÉS

ALBUM DE FORAIN

Édition sur papier de Chine tirée à 75 Exemplaires

Exemplaire N° 5

PARIS. — IMPRIMERIE BREVETÉE CHARLES BLOT, RUE BLEUE, 7.

Publications

DE LA

VIE PARISIENNE

nous
vous
Eux !

par
j. l. forain

PARIS — 8, RUE FAVART, 8 — PARIS

EUX

— Mon enfant, ch' m'abbelle Levy-Kohn.
— Je l'vois bien...

EUX

— Mon cher duc, un conseil : Vendez de l' « extérieur ».

— Tu n'gombrends bas ton ponheur, t'afoir droute dans ton perceau de l'archent et ein' gouronne !

EUX

— Je suis bien heureuse de vous avoir revue ; rappelez-moi donc votre *jour*...
— Tous les vendredis, — comme à Smyrne !

— Je trouve ça très bien, mais... est-ce le moment d'en acheter ?

— ... Vous avez là un admirable Watteau !
— Oui... mais, bour moi, c'est de l'archent qui dort !

EUX

— Ma bauvre Esther, comme le temps basse ! quand je bense qu'il y a auchourd'hui fingt ans que j'suis paron !

EUX

— C'est vous qui êtes monsieur de Bellevoix, directeur du « Potin » ?
— Oui, monsieur le baron ; et comme on vous attaque, je viens vous demander ce que vous comptez faire avec la presse...

LES CLAQUEDENTISTES

— Ici, c'est épatant ! les ducs trichent, les princes vous tapent, et on eng...le les rois !

-- Le *biscuit* est prêt, tu peux venir *tailler !*

LES CLAQUEDENTISTES

— J'te conseille de te plaindre, toi qui as gagné un million dans ton année !

— C'est vrai ; mais j'ai risqué Mazas.

— Je viens de lever tout ça au nègre.
— Prête-moi un louis pour ma main ?
— Non. Ça f... la guigne !

LES CLAQUEDENTISTES

-- J'avais la dame seconde, un roi, l'as et le valet de trèfle; sur le point de quatre, en auriez-vous donné? Non, n'est-ce pas... eh bien, j'ai perdu!

LES CLAQUEDENTISTES

— Comme tu rentres tôt... Tu as gagné?
— Non.
— Alors tu as perdu?
— Non; j'ai dû donner au comité ma parole de ne plus jouer.

LES MAMANS

— .....!

— Ah! monsieur le duc, n'ayez jamais d'enfant!

LES MAMANS

— Moi aussi, dans les temps, j'faisais pleurer un miyonnaire !...

— Certainement, monsieur le marquis! je suis la première à vouloir que mes enfants s'amusent; mais encore faut-y qu'ça soit avec des gens comm' y faut!

LES MAMANS

— Mais certainement, certainement : sans toi, on nous aurait retenues à souper !

LES MAMANS

— Dis donc, mon garçon, veux-tu m'faire un plaisir ? C'est d'ne rien toucher à ce qu'y a chez ta sœur !...

LES MAMANS

— Ah! c'toupet! dans ma baignoire! A ton âge, maman, on ne s'lave que les pieds!...

— Voyons, mon enfant. nous sommes déjà quatre domestiques, et tu veux prendre un valet de
pied?... quand on a tant d'peine à joindre les deux bouts!

— Voulez-vous être gentil, raisonnable? — Allez l'embrasser, elle en meurt d'envie!

— C'est en face, porte à gauche. Vas-y par curiosité, jusque-*là*, ils ont mis leur couronne !

— On marche à côté!

— Je viens de faire un tour aux écuries, c'est rudement tenu, et je m'y connais.
— Ça, ça ne leur est pas difficile. C'est Mosé qui casque. Enfin, tout ça ne nous regarde pas.

— Je viens de chambrer notre châtelain de mille louis, comment faire pour f....r le camp ?!!

— Mon cher, vous avez là un livre qu'il ne faudrait pas laisser traîner.
— Oui, je le sais bien. Je l'ai fait venir pour la fille du garde.

— La femme de chambre de madame la comtesse fait dire à madame la comtesse qu'elle a mis ses asticots dans la p'tite boîte à poudre de madame la comtesse !!

— Dis donc, p'tit, voilà deux francs, laisse là tes chèvres et va jusqu'au village me chercher un timbre-poste; tu garderas le reste.

— ... Dans huit jours, n'oubliez pas : J. L. F. 47, poste restante, bureau de la Madeleine.

— . . . Et votre grosse blonde?
— Oh! j'ai fait tout ce que j'ai pu pour elle.
— De quoi vit-elle, à présent?
— Ah! ça, je n'en sais rien.

CE QU'ON LEUR DIT

— Pendant qu'il est encore à la chasse, menez-moi voir Grille-d'Égout.

— Non, parce que ça n'est pas là la place d'une femme comme il faut; et puis, nous serions vus et votre mari ne me le pardonnerait pas!

— Est-il indiscret de vous demander comment vous pouvez obtenir ce blanc lustré pour vos cravates ?

— Mon Dieu, c'est bien simple, je les fais blanchir à Londres. — On dépense de l'argent si inutilement !...

CE QU'ILS DISENT

— On ne t'a pas vu ce soir au « poker ».

— Non, j'ai dû accompagner mère voir un tableau de Fragonard.

— Fragonard ? est-ce qu'il n'est pas du cercle ?

AUX COURSES

— Tire-toi après la course, nous comptons sur toi à dîner, — huit heures, en habit !

SUR LA PELOUSE

— ... Lâchez-moi, et j'vous r'file un bon *tuyau* !

AU BOIS

— ... Depuis qu'il est marié, je m'amuse à lui mettre sa fille sous l'nez tous les matins !

— Voyons, papa, cesse de geindre... puisqu'on te dit que la voiture va ramener le docteur.

— Mais, mon ami, vous vous trompez, j'avais une pelisse.

— Une pelisse, non, monsieur, il y a au moins une heure qu'y n'y en a plus, des p'lisses !

— Ma mère, je vous présente mon ami M. Doubleyou, manicure du prince de Galles.

UNE VOIX. — Qu'est-ce que c'est ?

— Madame la marquise, c'est le sellier qui veut parler à M. le comte.

— Qu'on ne dérange pas mon fils, qui prend sa leçon de « poker ».

- - Hein? il est gentil, mon fils?
— Pour sûr! de c'temps-là, il est allé dans la rue nous chercher des marrons.

— Y disent dans ta bande que t'es le seul Napolitain qui n'est pas prince...
— Tou as raison, ié souis marquis!

A L'OPÉRA

BIBLIOTHÈQUE NATIONALE

— Tu peux y aller, ma p'tite; c'est tout ce qu'il y a de plus chic, — le mari est du « Jockey »!

UNE LEÇON

— Oh ! père, vous devriez comprendre que ce n'était pas moi qui pouvais vous dire que maman...
— Si, mademoiselle... dans ce cas-là, on écrit une lettre anonyme !

- Eh bien ! et cette marquise, quand est-ce ?
- Vous l'aurez... elle devient raisonnable.

— Madame m'envoie au Dépôt?
··· Non; c'est à Mazas, maintenant.

— Lisa, le r'connais-tu, c't'amour ?
— Pour sûr que j'le r'connais. C'est l'monsieur qui vient d'Angers pour l' « Hippique » !

— Pour une première visite, mon général, je dois avouer que je ne vous croyais pas si caressant.
— C'est vrai... mais *tout ça* n'est pas la guerre !

LES DERNIÈRES CARTOUCHES

— Madame Le Valois ?

— Monsieur, elle est dans l'bain.

— Ça n'fait rien ; dites-lui que c'est le monsieur à qui elle a donné son adresse, hier, au Pavillon Chinois.

www.ingramcontent.com/pod-product-compliance
Lightning Source LLC
LaVergne TN
LVHW021753170726
843503LV00004B/1852